Ernst von Wildenbruch

Vionville

Ein Heldenlied in drei Gesängen

Ernst von Wildenbruch

Vionville

Ein Heldenlied in drei Gesängen

ISBN/EAN: 9783743365049

Hergestellt in Europa, USA, Kanada, Australien, Japan

Cover: Foto ©Thomas Meinert / pixelio.de

Manufactured and distributed by brebook publishing software (www.brebook.com)

Ernst von Wildenbruch

Vionville

Vionville.

Ein Heldenlied in drei Gesängen

von

Ernst von Wildenbruch.

Vierte Auflage.

Berlin, 1891.
Verlag von Freund & Jeckel.
(Carl Freund).

Seiner Majestät

Wilhelm

Deutschem Kaiser, König von Preußen

in ehrfurchtsvoller Verehrung

dargebracht

vom

Verfasser.

Eingang.

Bevor ich schreite zum gewalt'gen Werke,
    Erheb' ich brünstig flehend Herz und Hand:
Du schenke Gluth mir und verleihe Stärke,
    Du heil'ger Geist von meinem Vaterland!
Denn ich will jetzt von Wunderthaten singen,
    Von Treue, fest bis in den bittren Tod,
Wie eine Mähr' aus Zeiten wird es klingen,
    Als Sage noch der Wirklichkeit gebot.
Da steigt vor mir herauf die Schaar der Helden,
    Sie sehen mich mit strengen Augen an:
„Soll Dein Gesang von unsren Thaten melden,
    So prüfe Dich: bist Du der rechte Mann?"
Ihr Männer, wehrt mir nicht, daß ich beginne,
    Wer solches singt, der lernt Bescheidenheit,
Nicht mir, noch Einem sing' ich's zum Gewinne,
    Dem Vaterlande ist mein Lied geweiht.
Daß man nach diesen schönen stolzen Siegen
    Nicht sprechen müsse einst zu tiefster Schmach:
Die Zeit war da, doch Deutschlands Sänger schwiegen,
    Die That der Brüder jauchzte keiner nach!
Nein, da noch kaum in Frankreichs heißem Sande
    Das treue Heldenblut erloschen war,
Bot dem unsaubern Geist aus Frankreichs Lande
    Der deutsche Geist in's Joch den Nacken dar!

Drum will ich meine junge Leier heben
  Und singen, wie mein Herz zum Dank mich treibt;
Du wollest Gott, ich flehe, mir es geben,
  Daß dieses Lied lebendig nach mir bleibt!
Daß die Zukünft'gen diesen Tag bewahren
  Und Derer denken, die den Tag vollbracht,
Daß er dereinst zur Stunde der Gefahren
  Vor Deutschland stehe wie ein Stern in Nacht!
Und wenn die blonden Locken einst verbleichen,
  Die damals froh das junge Haupt umwallt,
Die damals Jünglinge, am Stabe schleichen,
  Das Herz, das einst so glüh'nde matt und alt;
Wenn dann im Sessel thronend, im bequemen,
  Der Alte lächelnd wehrt der Enkel Schaar,
Die immer neu mit süßem Grau'n vernehmen
  Vom Tag von Vionville, wie schlimm der war:
Ja spräch' er dann: „Hört zu, ich will Euch lesen
  Das alte Lied, das Einer damals sang;
Der hat's getroffen, ja so ist's gewesen,
  Der wußte, was uns Leib und Herz durchdrang:"
Den schönsten Lorbeer, den ich je erstrebte,
  Ich pflückt' ihn dann aus dieser Greisen=Hand;
Glücklich noch nicht, wer große That erlebte,
  Glücklich erst der, der sie auch ganz empfand.
Der Glücklichste, wen Thaten so entzünden,
  Daß trunken sich in ihm die Seele regt,
Daß er's im Lied der Nachwelt kann verkünden,
  Was seines Volkes Herzen einst bewegt.

Erster Gesang.

Der Kampf der Brandenburger.

Roth hinter Spichern's Blut-begoss'nen Höhen
    Hob sich der jungen Sonne erster Strahl,
Zögernd, als grauste ihr's, hinabzusehen
    Auf diesen Ort der ausgerungnen Qual.
Und los sich reißend von dem Schreckensbilde
    Hob sie gen West ihr Angesicht voll Gluth,
Ob dort sie fände bessere Gefilde,
    Noch nicht erblindet in der Menschen Blut.
Du Himmelsauge, suche nicht nach Frieden,
Denn Grau'n zu seh'n ist heute Dir beschieden.

Da barg sich hinter ihren schwarzen Thoren
  Die Nacht, die rings auf den Gefilden lag,
Zum Lichte war ein Schreckenstag geboren,
  Des blut'gen Erndtemonds sechzehnter Tag.
Und die Geschichte rollt' in ihrem Buche
  Ein Blatt ihm auf, noch war es leer und rein,
Sie hob die Hand, daß sie den Griffel suche,
  Der da am allertiefsten grübe ein:
Von Eisen war der Griffel, den sie wählte,
Daß er der Nachwelt diesen Tag erzählte.

Nun ward's lebendig hinter Metzen's Thürmen,
  Vom Lager gähnte auf der fränk'sche Leu,
Die Mähne schon zerzaust von manchen Stürmen
  Doch alt der Muth, die Kraft des Leibes neu;
Und des gewalt'gen Leibes tausend Glieder
  Vereinigte des finstren Feldherrn Wort;
Von Lager scholl sein Wort zu Lager wieder:
  „Nach Westen, Brüder, da ist Frankreichs Hort."
Treib' Deine Schaaren, Feldherr, Franken eilet,
Dumpf kommt von Ost der Tod herangeheulet.

Im Moselthal, vom Hahnenschrei erwecket,
  Spreizt auf die Fittige der deutsche Aar,
Gen West den Nacken weit hinausgerecket,
  Heiß lauscht er mit dem glüh'nden Augenpaar;
Denn Botschaft kam zum Preußischen Quartiere,
  Daß man Geräusch vernahm in dunkler Nacht,
Wie wenn ein zahllos Heer dahin marschire,
  Mit Männern, Rossen und Geschützes Macht.
Ihr Führer Deutschlands wäget diese Kunde,
Eilt zu beschließen, denn es drängt die Stunde.

Doch solcher Männer-Herz ist wie ein Steuer,
  Durch Nacht und Sturm führt es den rechten Pfad,
Rasch wächst in solchen Seelen voller Feuer
  Entschluß, der erste schwerste Theil der That.
Und durch die Schaaren flogen ihre Augen:
  „Wer ist zur Stelle und wer steht voran?
Wer sind die Männer, die zum Werke taugen,
  Und sie zu führen, wer der rechte Mann?
Daß er im Sturm den flieh'nden Feind erreiche,
Den wucht'gen Stoß ihm führend in die Weiche?"

Da stand voran vor allen Deutschen Schaaren
    Das ernste Volk vom Lande Brandenburg,
Die Söhne Jener, die vor grauen Jahren
    Im Ost für Deutschland thürmten eine Burg.
Und ihre Herrschaft war 'nem Mann gegeben
    Von gutem Namen, von noch beff'rem Muth:
Du sollst die Mark heut führen, Alvensleben,
    Der Hohenzollern treustes bestes Gut.
Fürwahr, das nenn' ich Königliche Gabe:
Belehnt mit Fehrbellins Commandostabe!

Zunächst an diesen dann die Männer standen
    Vom Land, durch das die Weser schweigend rinnt,
Die aus Hannovers und Westphalens Landen,
    Treu wie ihr Ahn, der trotz'ge Wittekind.
Und gleichen Sinnes reihten sich zu diesen
    Die, die ihr Haus am Nordseestrand erbaut,
Das stolze glieder-mächt'ge Volk der Friesen,
    Durch Meer und Sturm dem Tode wohl vertraut.
Es war Voigts-Rheetz, dem man die Schaar vertraute,
Der oft in's Auge schon dem Kriegsgott schaute.

Und diese Schaaren waren ausersehen,
    Voran zu schreiten in den blut'gen Strauß;
In weitem Bogen sollt' Hannover gehen,
    Doch Brandenburg voran und gradeaus.
Commando scholl, es rasselten die Glieder,
    Ein Ziel für beide, doch der Weg ist weit,
In Feindes Herzen findet Ihr Euch wieder,
    Doch nun ade auf lange schwere Zeit.
Noch einmal drücke, Freund, des Freundes Hände,
Der Tod geht um, daß Euren Bund er ende.

Wo sich der Gorze=Bach durch Klüfte windet,
    Mühvollen Weg sich brechend durch's Gestein,
Bis er im Moselstrom den Fährmann findet,
    Der ihn hinunterträgt zum stolzen Rhein,
Da scholl der Felsengrund von schweren Tritten,
    Schwarz ward die Luft vom Staub, der wirbelnd quoll,
Da kam das Brandenburger Volk geschritten,
    In stummer Brust den festbeschloss'nen Groll.
Im Wort verhallt des lauten Zornes Wüthen,
Wer schweigend zürnt, vor dem magst Du Dich hüten.

Gebt Raum, gebt Raum, auf schäum'gem Roß getragen,
  Flog Alvensleben seinem Heer voran;
Wo Buxière's Häuser aus den Fluren ragen,
  Allbort zum Hügel sprengte er hinan.
Da lag vor ihm, von Morgenlicht umflossen,
  Gen Norden hin ein hügelvolles Land,
Im Westen ganz in blauen Duft ergossen,
  Im Nord und Ost von dunklem Wald umspannt.
Stumm blickten weiße Dörfer aus den Auen,
Wie Augen starr auf nahend Unheil schauen.

Und ihrer zweie winkten ihm entgegen,
  Die, deren Namen tönt mit düst'rem Klang:
Genüber ihm war Vionville gelegen,
  Daneben Flavigny am Wiesenhang,
Nach Ost und West, vereint vom großen Wege,
  Wie Steine, die sich reih'n an einer Schnur,
Hob dort von Rezonville sich das Gehege
  Und dort im West der Thurm von Mars=la=tour;
Fern sah im Osten Gravelotte er ragen,
Als spart' es sich zu künft'gen, blut'gen Tagen.

Wie in des Winters flockigem Gewande
  Lag weiß verhüllt das sommerliche Feld,
So weit das Auge trug, von Rand zu Rande,
  Stand da in langen Reihen Zelt an Zelt.
Dies war die Stadt der krieg'rischen Nomaden,
  Hier hauste Frankreichs auserlesen Heer,
Der ferne Wald schien höhnend einzuladen:
  „Kommt an, versucht's, ich berge ihrer mehr."
Zum Tod, Ihr Deutschen, seid Ihr hergeleitet,
Fünf Heereshaufen steh'n zum Kampf bereitet.

Und er, der prüfend stand auf Buxière's Höhen,
  Der Feldherr, sah dies Bildniß schweigend an;
Er ließ die Blicke auf und nieder gehen
  Und seine Seele hob zu sorgen an;
Er maß und wog mit schwerbeklomm'nem Herzen
  Die gähnende, die schreckliche Gefahr
Und er gedachte dann in bitt'ren Schmerzen
  Der ihm vertrauten armen, kleinen Schaar:
Die dir so treu vertrauten Leib und Leben
Willst du an keckes Wagestück sie geben?

Willst Du den Riesen aus dem Schlafe schrecken,
    Bedenke Dich, mit Deinem winz'gen Heer?
Wohl ist es leicht, ein Ungethüm zu wecken,
    Zur Ruh' es wieder betten, das ist schwer;
Siehst Du nicht schon mit Deutschlands todten Söhnen,
    Weithin bedeckt das Blut=umschäumte Feld?
Hörst Du nicht schon die deutschen Mütter stöhnen,
    Den Schrei der Braut, der Deinen Namen gellt?
Willst Du zu so viel treuen Augen sprechen:
„Ihr blauen Augen, heute müßt Ihr brechen?"

Das war der Augenblick voll bangem Grauen,
    Da hielt den Griffel die Geschichte an,
Hob, großen Auges, an herabzuschauen
    Und wartete auf ihn, den einen Mann;
O stolze Qual, wem so mit Berges=Schwere
    Das Weltenschicksal auf das Haupt sich legt,
Doch edler Stolz und Mannes höchste Ehre,
    Wenn er der Lasten stöhnt und doch sie trägt!
Tief höhlend mag die Fluth den Fels benagen,
An seiner Stirne muß sie sich zerschlagen.

Da sah den Sohn in seinen dunklen Sorgen
  Germania und spendete ihm Licht:
Gleichwie der Sonne Hoffnungsstrahl im Morgen
  Erhob sich ihm der Mutter Angesicht.
Und weit die Hand von Ost nach Westen reckend
  Rührt' sie das Herz ihm an und that es auf,
Die finst'ren Zweifel in die Tiefe schreckend,
  Rief sie den heil'gen Opfermuth herauf
Den großen Vater wunderthät'ger Kräfte,
Der gähren macht der Erde träge Säfte.

Da ließ des Helden Seele ab vom Zagen,
  Denn Hoffnung lächelte ihr wieder zu,
Und er beschloß, den großen Kampf zu wagen:
  „Zeit ist es, Feind! wach' auf nun aus der Ruh!"
Gebietend hob der Feldherr seine Rechte
  Und winkte, daß der Kampf beginnen sollt',
Und Rosse=schnaubend, fertig zum Gefechte,
  Kam Körber's Batterie herausgerollt;
Schnell auf dem Hügel reih'n sich die Geschütze,
Ihr Rachen klafft, verlangend nach dem Blitze.

Seht drüben dort: ganz sicherer Ruh ergeben
    Bei Vionville liegt Fränk'sche Reiterei;
Als wie im tiefen Frieden, schleppen eben
    Für Roß und Reiter Imbiß sie herbei.
Und vor des Feldherrn Zelt in Lagers Mitten
    Steht aufgeputzt zum Frühmahl schon der Tisch,
Murat, der Reiterführer, kommt geschritten,
    Ruft sein Gefolg' „greift zu, Ihr Herren frisch!"
Ihr Söhne Jener, die bei Roßbach standen,
Wer Morgens lacht, ward Abends oft zu Schanden.

Heiß flammend zuckt es auf von Buxière's Hügeln,
    Dumpf öffnen die Kanonen ihren Schlund,
Und die Granate kommt auf Eisenflügeln,
    Bohrt tief sich in des Frankenlagers Grund,
Ein Ungethüm voll eigner Wuth und Tücke,
    Zerreißt sie ihren Mord-gefüllten Bauch
Und umgewandelt nun in hundert Stücke
    Rast weiter sie, speit Eisen, Gluth und Rauch.
Zehn Fränk'sche Reiter sind zu Tod getroffen,
Die Schlacht begann, komm Tod, die Bahn ist offen.

Vom Heerd, vom Tisch, von Bänken und von Stühlen
 Flog's auf wie Tauben, die der Sperber zauſt,
So mitten in der Franken ſorglos Spielen
 Schlug zürnend ein die rauhe Deutſche Fauſt.
Entſetzen packt die Fränk'ſchen Reitersmänner,
 Zu Roß, zu Pferd, wo jeder jedes fand,
Tief in die Weichen dann den Sporn dem Renner,
 Und flüchtend brauſt's hinaus in's offne Land;
Sturm und Geheul verſchlingt der Führer Rufen,
Zermalmt liegt Ordnung unter ihren Hufen.

Doch ſo wie damals, als dem Schooß der Erde
 Jaſon eingrub der Drachenzähne Saat,
Und ahnend, welch' ein Gräu'l nun kommen werde,
 Stumm harrte des Erfolges ſeiner That;
Und wie's nun aufſtand aus der Erde Spalten,
 Stachlich von Spießen, Helm an Helm geſchaart,
Ein finſt'rer Wald gewaffneter Geſtalten,
 Daß wild das Angeſicht der Erde ward:
So war das Land dort drunten anzuſchauen,
Ein weites Feld voll unermeſſ'nem Grauen.

Als wenn ein Feuer aus dem Boden schieße,
    So flammte rings das Feld in lichtem Stahl,
Und klirrend, wie ein Mann, auf seine Füße
    Sprang auf das Frankenheer mit einemmal:
Der Führer Ruf, der Hörner wild Geschmetter
    Schlug Himmel=an ein einz'ger wilder Schrei:
Ihr, Frankreichs Söhne, kommt, Ihr, Frankreichs Retter,
    Zum Kampf um's heil'ge Frankreich kommt herbei!
Des Löwen Lager habt Ihr aufgefunden,
Ihr Deutschen Jäger, doch der Leu schlägt Wunden!

Zum schrecklichen Empfange wohl bereitet
    Steht schon des Frankenheeres Vorderhut,
Am großen Wege lang dahin gebreitet,
    Geführt von dem, dem Frankreichs Königsbrut
Vertrauet ward zu ernstgewalt'gem Werke,
    Daß er den Knaben lehrte Mannesthat,
Zum Waffenspiel ihm rüstend seine Stärke:
    Frossard steht dort, ein Mann voll Muth und Rath.
Wohlan, Lehrmeister, Zeit ist nun gekommen,
Am Lehrer selbst wird Prüfung heut genommen.

Wie sich des Menschen wackre Jagdgenossen,
 Die Rüden, wenn Gefahr dem Herren droht,
Voran in's Dickicht stürzen, unverdrossen
 Aus seinem Pfad zu scheuchen Noth und Tod:
So in den Wald, der rechts von Gorze sich dehnet,
 Und der das Holz von Saint-Arnould sich nennt,
Wo hinter jedem Baum Verderben gähnet,
 Bricht ein nun L'Estocq's achtes Regiment.
Leibregiment, so nennt man diese Schaaren,
Denn sie sind gut, des Königs Leib zu wahren.

Doch wie der Hagel in die Fluren prasselt,
 Zum Grimm gereizt durch Donners Wuthgebrüll,
So kamen die Granaten hergerasselt
 Herunter von den Höh'n von Rezonville.
Da hob ein Krachen an in allen Bäumen,
 Feucht ward der dürre Wald, denn es begann
Ein Meer von heißem Blute aufzuschäumen,
 Da brach zur Erde mancher wackre Mann,
Allein der Männer Muth blieb unerweichet,
Des Waldes Nordrand ist im Sturm erreichet.

Nun aber ward das Gorze=Thal zum Schlunde,
 Der brüllend Schaar auf Schaaren von sich spie:
Links von dem Wald, der Schwesterschaar im Bunde,
 Die Augen fest gebohrt auf Flavigny,
Da klimmen auf der Neumark feste Söhne,
 Die von Cüstrin, vom flachen Oderstrand,
Garrelts voran in seiner Ritterschöne
 Weist seinen Achtundvierz'gern heißen Stand.
Verlangend gleiche Ehr' in gleichem Streite
Drängt Brandenburger Jägervolk zur Seite.

Doch auf der Höhe, die sie kaum erstiegen,
 Steht grinsend schon der Tod mit off'nem Arm,
Wie Flocken wirbelnd durch einander fliegen
 Braust auf dies Land ein wüster Kugelschwarm.
Fürwahr das ist ein grausam ungleich Fechten:
 Dort drüben Sicherheit, hier nur Gefahr!
Ingrimmig in den Wald zu ihrer Rechten,
 In's Holz von Vionville wirft sich die Schaar.
Die Franken müssen knirschend d'raus entweichen,
Zum Walle thürmen sich die deutschen Leichen.

Und da sie kaum vom Haupte wischen wollen
  Den blut'gen Schweiß der langen Todesqual,
Da kommts von drüben brandend hergeschwollen,
  Verderben fluthet in das Waldesthal.
Im dumpfen Taktschritt, dem der Boden zittert,
  Im finst'ren Blick Triumph des Sieges schon,
Den Leib voll Kraft, das Herz zur Wuth erbittert,
  Steigt von den Höhen Bergé's Division.
Wem dieser Anprall gilt, der mag erbeben!
Wer wollte der Lawine widerstreben?

Das Mannesherz klopft fragend an die Rippen:
  „Du heiße Brust, wie wirst du nun so kalt?"
Fest auf einander pressen sich die Lippen,
  Ein stummes Grausen wandelt durch den Wald.
Und übermächtig näher kommt's geschritten,
  Der Wald von Vionville, das ist das Ziel!
So ward umsonst der blut'ge Wald erstritten,
  So starb umsonst, wer hier zur Erde fiel?
Da horch, — zur Linken, welch' ein Donnerrollen!
Geschützesräder furchen durch die Schollen.

Im wilden Rosseslauf herangezogen
  Kommt da Stöphasius' Batterie gestürmt;
Entgegen wirft sie sich den Unheilswogen
  Wie Schwimmers Brust sich gegen Wellen thürmt.
Bis Schwarz im Feindesaug' er trennt vom Weißen.
  Stürmt er voran, hoch wirbelt auf sein Schwert,
Vom Protzen=Nagel die Geschütze reißen,
  Dem Feinde sind sie klirrend zugekehrt;
Nah ist das Ziel, die Todesbringer krachen,
Heiß in den Feind beißt sich ihr grimmer Rachen.

Wie auf dem Meer, wenn sich die Wasserhose,
  Das Meeres=Unthier auf ein Fahrzeug rollt,
Das Schiffsvolk zu entgeh'n dem Todesloose,
  Kanonendonner ihr entgegen grollt,
Wie sie vom Fuße dann zum Wirbel zittert,
  Bis sie, zerflatternd in ohnmächt'gen Gischt,
Dem Meer, das rings aufschreckend tost und schüttert,
  Den grauen Leib, den ungeheuren, mischt.
So taumelte, so brach die Schaar der Franken,
Als ihre Reihen blutend niedersanken.

Zurückgepeitscht, zerstückt die starren Glieder,
  Die feste Schaar ein ordnungsloser Hauf',
So klimmen rückwärts sie zur Höhe wieder,
  Von der sie stürmend kamen, flüchtend auf.
Und links von ihm, der so in letzter Stunde
  Den Brüdern reichte seine Helfershand,
Da wirbelt's stäubend auf vom sand'gen Grunde,
  Gallus' Batterien nehmen ihren Stand;
Er giebt die rechten Worte ihrem Grimme;
Ein Hahn, bei Gott, mit eines Löwen Stimme!

Da hob sich zwischen Deutschen nun und Franken
  Ein Zwiegespräch, schrecklich und grausenvoll;
Der Erde feste Brust begann zu wanken,
  Erzitternd vor der Menschen wildem Groll.
Von jenen Höh'n, die weißer Dampf umhüllet,
  Spei'n tausend Schlünde Schmerz und Tod herab;
Wie der Vulkan ins Thal hinunter brüllet,
  So tönt's von dort: Hier Deutsche, Euer Grab!
Schuß trägt auf Schuß die Antwort hin die feste:
„Ihr ludet uns, erprobt nun Eure Gäste!"

Gen Norden zu, nah bei des Waldes Saume
    Zieht eine Römerstraße durch das Land;
Da schläft in tausendjähr'gem Todestraume
    So mancher Mann vom gelben Tiber=Strand;
Vom Gallier träumt er, den er einst gebrochen,
    Vom Ariovist, der herkam über'n Rhein;
Da hört er donnernd an sein Grab es pochen,
    Er fährt empor, Licht strömt in's Grab herein,
Mit hohlen Augen blickt er in's Gefilde
Und starrt und staunt dem ungeheuren Bilde:

Wie einen Ocean in wildem Toben
    Sieht er der Gallier schwarzbelockte Schaar,
Und mitten in den wüsten Schwarm geschoben
    Ein Häuflein andren Volks im lichten Haar;
Gleich denen, die mit Ariovisten kamen,
    Sind diese da an Leib und an Gesicht;
Der Römer kennt sie: ja das sind Germanen,
    Das ist der hellen Augen schneidend Licht;
Wie dort sie steh'n, so standen sie vor Zeiten,
Daß Cäsar sprach: schlimm ist's mit solchen streiten!

Wie in des brüll'nden Tigers blut'gem Rachen
　　Die weißen Zähne unbeweglich steh'n,
So, rings umheult von tausendfachem Krachen,
　　Sind jene Batterien anzuseh'n.
Schon thut sich blutend Lücke auf an Lücke,
　　Durch hundert Pforten zieht herein der Tod,
Und daß er sich mit edlem Kleide schmücke,
　　Färbt er mit Gallus' Herzensblut sich roth;
Noch steht, Ihr Männer, blicket um zur Linken:
Seht da die Brandenburger Helme blinken!

Der tapf're Wulffen kommt allhier geschritten,
　　Es kommt der Zweiundfünfz'ger Heldenschaar;
O Vatererde, viel hast du erlitten,
　　Doch niemals, was Dir jetzt beschieden war.
Denn wie das Weizenfeld die jungen Halme
　　Dem Wettersturme trauernd giebt zum Raub,
So sinken hier, umwölkt vom Pulverqualme,
　　Die Bataillone röchelnd in den Staub.
Kommt, starre Zahlen, hier seid Ihr am Orte,
Sprecht lauter jetzt als heiße Dichterworte.

Vernehmt: von einem Regiment erlitten
    Den bittern Tod zwölfhundertfünfzig Mann
Und zweiundvierzig Offiziere schritten
    Den treuen Männern in den Tod voran.
O Ihr Verkünder bitterlicher Qualen
    Steigt wie ein trauernd Denkmal auf ihr Grab;
Ihr Deutsche, lest von den granit'nen Zahlen
    Ein rauschend' Buch von Muth und Treue ab.
Laßt sie sich tief in Eure Seelen brennen;
Wer sie vergißt, soll sich nicht Deutscher nennen!

Noch aber ragt aus Tod= und Wuth=Geheule
    Ein letzter Held von dieser Heldenschaar.
Wie in Ruinen eine letzte Säule,
    Die trauernd sagt, wie schön der Palast war.
Er trägt den Namen, den in alten Zeiten
    Ein Recke trug, berühmt im Deutschen Land;
Zum alten Recken nennt nun auch den zweiten,
    Denn dieser Mann war Hauptmann Hildebrand.
Wie jener sah auf die erschlag'nen Gothen,
Blickt er auf die Kam'raden, auf die todten.

Da stürmen Franken an in dichten Haufen;
  „Sieg und Triumph! wer hielte uns noch Stand?"
So billig sollt den Sieg Ihr nicht erkaufen,
  Denn Ihr vergaßt den Hauptmann Hildebrand.
Hoch stand er unter seinen letzten Treuen,
  Hielt bändigend der Seinen Ungestüm;
„Schnellfeuer!" tönt's und in die Fränk'schen Reihen
  Bricht ein der Tod, ein reißend Ungethüm.
Zu früh habt Ihr Triumphschrei Euch gespendet,
Ihr Franken, die Ihr flüchtend jetzt Euch wendet.

Horch Taktschritt links! seht — Mann an Mann geschlossen,
  Die Reihen fest, daß nur der Tod sie trennt,
Vom Blut der Zweiundfünfziger umflossen
  Rückt auf der Zwölfer Schwester-Regiment;
Die letzte Hälfte von Schwerins Brigade,
  Die erste hat der blut'ge Sturm verweht —
Da stürmt er selbst voran auf rauhem Pfade,
  Der General ist vorn, Ihr Männer, seht!
„Wohlan, voran Ihr zwölften Grenadiere,
„Ich weiß den Weg, mir nach, wie ich Euch führe!"

Hinein mit stolzem Haupt geht's in's Verderben,
  Das schon die tapfren Brüder hingerafft,
Hier, wahrlich, heißt es siegen oder sterben,
  Dies ist Stülpnagel's allerletzte Kraft.
Doch nicht umsonst ist so viel Blut geronnen,
  Vergebens nicht so vieles Weh verstöhnt —
Ihr Tapfren, Heil! Die Höhe ist gewonnen,
  Mit Heldensieg ist Heldenmuth gekrönt!
Wo Frankreich stand, da steh'n Stülpnagel's Mannen
Und schlagen Wurzel, wie die Märk'schen Tannen.

Doch ach, wie wenig ward bis jetzt errungen!
  Welch' karger Lohn für namenlose Müh'!
Noch hält Bazaine mit starkem Arm umschlungen
  Dort drüben Vionville und Flavigny.
Noch liegt der Leu im unversehrten Neste,
  Er hört die Jagd, die Tatzen sind bereit;
Mit heißen Augen sieht er durchs Geäste;
  Weh dem, der näher kommt, ihm wird's zum Leid!
Stolz blickt Bazaine zurück auf seine Schaaren;
„Kein Unheil, Frankreich, soll Dir widerfahren."

Da sich, im West die finstre Männer-Wolke,
: Die langsam rückt und dicht und dichter schwillt:
Marschall! welch' eine Schaar? von welchem Volke?
: Ist's nicht Dein Weg, den dräuend sie verhüllt?
Der Feldherr Frankreichs reckt sich in den Bügeln:
: Nach Westen blickt er; ja, er irrt sich nicht:
Finster erhebt sich hinter jenen Hügeln
: Der Brandenburger dräuend' Angesicht.
Der Arm, den Ihr bei Jena einst bezwungen,
Nun, Franken, hält er eisern Euch umschlungen!

Westwärts von Vionville, zu beiden Seiten
: Des Wegs, steht Buddenbrock mit seiner Schaar.
„Ihr, Männer, sollt in's Nest des Löwen schreiten,
: Sollt schütteln ihn an seinem Mähnenhaar!
Den Heerd, wo sich die Todespfeile schmieden,
: Sollt Ihr zertrümmern mit gewalt'ger Hand:
Euch ist zum Sturme Vionville beschieden,
: Für Euren Muth ein blutig Unterpfand.
Zur Seite bläkt Euch Flavigny die Zähne,
Wie bei der Tig'rin kauert die Hyäne."

Lang hingerollt in einer mächt'gen Reihe,
 Schlachthauf' an Schlachthauf' fest in sich geballt,
Steh'n da voran der Regimenter dreie,
 Ein viertes folgt, in Noth ein letzter Halt;
Zwei Wiesenthörner, steh'n an beiden Ecken
 Links dort der Vierundzwanz'ger Regiment,
Rechts hier die Fünfunddreiß'ger, die mit Schrecken
 Der Franke nur Rothmalers Leute nennt.
Und daß der Dreizack wuchtig möge schlagen,
Seht zwischen ihnen Vierundsechz'ger ragen.

Zurückgedränget heut zum zweiten Orte,
 Steht unmuthvoll der Zwanz'ger tapfre Schaar,
Ihr Kampfbegier'gen, trauet meinem Worte:
 Manch blut'ge Garbe reift Euch die Gefahr.
So steh'n sie in der Mittagssonne Flammen,
 Die trunken stolz in ihren Waffen lacht;
Noch fehlet Keiner, Mann an Mann beisammen,
 Noch unversehrt in ihrer düstren Pracht.
O Vaterland! sieh her auf Deine Söhne!
Freu' Dich noch einmal ihrer Heldenschöne.

Hier stehen Streiter, die das Handwerk lernten:
  Dort drüben jene, die um blut'gen Zoll
Den Lorbeer sich erkauft in heißen Ernten
  Bei Solferino und Sebastopol.
Die an die Fabel=Mauer der Chinesen,
  An Atlas' und der Anden Zackenwall
Anschrieben: hier ist Frankreich auch gewesen,
  Bis hierher klang der Fränk'schen Waffen Schall;
Die Ihr die Sonne saht in beiden Welten,
Seht Euch die Gegner an! Heut wird es gelten!

Wollt Ihr daheim nach diesen Männern fragen,
  Fragt in den Märk'schen Gassen jedes Kind,
Und jeder Knabe wird Euch Kunde sagen,
  Daß dies Neulinge nicht im Kampfe sind.
Seht her auf ihre Brust, da steht's geschrieben
  Mit manchem Zeichen und so manchem Band:
Sie sind's, die Dänemark aus Düppel trieben
  Und stürmend sprangen auf den Alsenstrand;
Das gelbe Kreuz von Königgrätz erzählet:
Wo Kampf je war, sie haben nie gefehlet.

Und könntet Ihr in's Herz der Männer schauen,
  Euch stiege, Franken, sträubend auf das Haar:
Ihr sähet dort aus Zorn und Groll sich brauen
  Unheil, das Euer Hochmuth sich gebar.
Dann hörtet Ihr die stummen Lippen schwören:
  „Heut schließen wir die lange Rechnung ab!
Sollt uns nicht mehr die dürft'ge Ernte stören,
  Die herber Schweiß als kargen Lohn uns gab!
Dem Raubthier, das uns schändlich überfallen,
Wir kürzen nicht, wir hau'n ihm ab die Krallen!"

Da scholl das Wort, bekannt dem Preußenheere,
  Dem's wie auf Adlers-Schwingen fliegt voran,
Das Wort, das kurze, doch so Inhalt-schwere:
  „Vorwärts!" Ihr Brandenburger, drauf und dran!
Und wie der Damm, der über'm Flusse ragte,
  Den Ungeduld'gen zügelnd, der ihm grollt,
Wenn nun der Strom, der grimmig ihn benagte,
  Ihn niederwirft, zu Thale krachend rollt,
Und wie sich brüllend nun die Fluthen bäumen
Und donnernd in die Fluren niederschäumen:

So fiel die starre Fessel klirrend nieder,
 Die ehern jene Regimenter band,
Da zuckt es wie ein Schlag durch alle Glieder,
 Ein Donnerruf! Sie brechen in das Land.
Im Schritte nicht, der Fuß nach Fuß nur schreitet,
 Im Sturmlauf gehn sie, der den Weg verschlingt,
Der Franke sieht's, der Franke ist bereitet,
 Gräßlich ertönt der Willkomm, den er bringt:
Viel tausend Kugeln prasseln auf die Stelle,
Geheul ringsum, wie in dem Schlund der Hölle.

Doch brausend über'n Lärm der Todesboten
 Schlägt auf der alte Preußen=Schrei „Hurrah";
Was fällt, laß fallen! blickt nicht nach den Todten,
 Den Kopf nach vorn! voran! das Ziel ist nah!
Der Weg versinkt; die Schritte übertönen
 Der Mitrailleusen heis'res Wuthgebrüll:
Durch alle Zeit wird dieser Klang erdröhnen:
 Der Preußen Sturmeslauf auf Vionville!
Die Reihen klaffen, viele Hundert liegen,
Doch die Lebend'gen stürmen an zum Siegen.

Seht Butlar jetzt: mit rauhen Eisenfängen,
    Packt er das Dorf von dreien Seiten fest,
Und seine grimmen Vierundsechsz'ger sprengen
    Sich blut'ge Pforten in das Fränk'sche Nest.
Brust nun an Brust, die lang' voll Haß sich suchten,
    Grimm schau'n sich Deutscher und Franzose an;
Doch wahrlich, schauen kann hier wenig fruchten,
    Nun zeige Faust, wer ist der bess're Mann?
Entsetzen raunt den Franken in die Ohren:
Weh, welchen Feind habt ihr heraufbeschworen.

Sieh da — wo sich das Dorf aufthut nach Osten,
    Da brechen Franken aus, ein wirrer Hauf,
Wie Wogen, die im Felsenkessel tosten,
    Und jäh zur Flucht sich sprengen einen Lauf.
Wohl allen denen, die zur Stund entkamen!
    Denn wer im Dorfe niedersinkt in's Blut,
Dem ruft des Feindes Fluch das letzte „Amen",
    Da rast entfesselt zweier Völker Wuth.
Auf Vionville's zersetztem Mauerringe
Thront Deutschlands Aar mit blutbeträufter Schwinge.

Er wirft das Haupt zur Linken und zur Rechten:
 Im Sturme rings drängt an der Deutschen Schwall:
Sieh, wie dort links die Vierundzwanz'ger fechten,
 Mit ihren Leibern thürmen sie den Wall,
Mit Bajonetten ziehen sie die Schranke,
 Die Eisen-starrend dem Franzosen wehrt,
Der in der Brandenburger linke Flanke,
 Die grimmen Zähne einzuhau'n begehrt.
Zur Linken, Brüder, fürchtet kein Verderben,
Denn Dohna wird hier stehen oder sterben.

Seht rechts, horcht rechts, wie's qualmet, kracht und dröhnet,
 Rothmalers Fünfunddreiß'ger stürmen hier,
Ein Hügel dort, den hoch ein Kirchhof krönet,
 Von Waffen starrend wie ein Stachelthier.
Voran, hinauf, die Höhe ist erklommen,
 Ihr wolltet nach Berlin, Ihr Franken geh'n;
Die Männer von Berlin sind hergekommen,
 Wie nun? sind sie so schrecklich anzuseh'n?
Ihr wendet Euch? Die alte Todtenstätte
Wird neuer Todten purpurfarb'ges Bette.

Doch hinter'm Hügel, dort im Wiesenthale,
   Wo die Cisterne liegt in Baumesgrün,
Da läßt Frossard zum allerletzten Male
   Den letzten Grimm des tapfren Herzens sprüh'n.
Wie manchmal saß in diesem trauten Schatten
   Der Hirt und sah der Heerde friedlich zu,
Die vor ihm spielte auf den sonn'gen Matten!
   Wie anders nun, wohin die Friedensruh!
Jetzt wälzt sich's klirrend von der Bergeshalde,
Jetzt tönt Geknirsch von Zähnen dort im Walde.

Wie Wellenberg im Meer mit schäum'ger Krone
   Den Fels antobt, der aufragt aus der See,
So auf's Gehölz mit seinem Bataillone
   Kommt Duplessis heran durch grünen Klee.
Die Waldesnacht glüht auf in Höllenflammen,
   Die Salve brüllt in's offne Feld heraus,
Die Männer brechen reihenweis zusammen,
   Das Bataillon verschlingt der Todesgraus.
Sie taumeln rückwärts aus dem Unheils=Rachen,
Rauh hinter ihnen tönt der Franken Lachen.

Noch aber steh'n mit ungeduld'gen Seelen
  Der Zwanz'ger Bataillone dort gereiht;
Nicht lasset jetzt die Hand den Brüdern fehlen,
  Zu Tod und Ruhm gekommen ist die Zeit!
Wer solche zweimal riefe zum Gefechte,
  Der riefe einmal sicherlich zu viel;
Traut Flatow, der Euch führt, er ist der rechte,
  Er schafft Euch vollen Theil am wilden Spiel;
Die Zwanz'ger springen schnaubend zu den Waffen,
Versäumten Ruhm vom Schlachtfeld aufzuraffen.

Vorangestreckt die bräu'nden Bajonette,
  Im Tod nur beugend ihres Nackens Stolz,
So geh'n sie los auf jene Unheilsstätte,
  Auf der Cisterne Feuer=speiend Holz.
Da raffen ihre todeswunden Glieder
  Rothmalers wackre Leute wieder auf:
„Ha geht uns nicht vorbei, Ihr Heldenbrüder!"
  So stürmen sie vereint den Siegeslauf.
Wie Elephanten durch den Urwald schnauzen,
So brechen durch's Gehölz die Deutschen Haufen.

Nicht will der Leu von seinem Lager lassen,
    Die Franken woll'n nicht weichen, halten Stand;
Nun heißt es wieder, Brust an Brust sich fassen;
    Heiß schäumt es über der Cisterne Rand.
Busch wird nach Busch und Baum nach Baum errungen.
    Deutschland gehört auch hier, was Frankreichs war;
Das Mannesherz von herbem Weh durchdrungen,
    Sieht Frossard fliehen seine tapfre Schaar.
Nun Brandenburger auf! und all' zusammen
Auf Flavigny, schon wirbelt's, seht, in Flammen.

Und hinter'm Feuergürtel, der's umflügelt,
    Seht an, was naht sich dort? was steigt empor?
Sind das nicht Helme, wo die Gluth sich spiegelt?
    Tönt Deutscher Schlachtruf nicht an Euer Ohr?
Von links kommt Brandenburg dahergeschritten,
    Und sieh', von rechts ist Brandenburg schon da;
Die von einander fern bisher geschritten,
    Neumark und Mittelmark sind jetzt sich nah.
Denn Hildebrand, von drüben hergekommen,
Hat sich von Flavigny sein Theil genommen.

Da liegt der Feinde grimmer Heerd zertrümmert,
    Da schlägt man Hand in pulverschwarze Hand;
Sie haben Dir 'nen rauhen Thron gezimmert,
    Du fernes Schlachten=stolzes Vaterland!
Ihr Antlitz sieh: es ist Dir zugewendet;
    Wink' ihnen Gruß mit thränendem Gesicht;
Ja, Du hast heut Dein bestes Blut gespendet,
    Doch, Vaterland, vergebens floß es nicht!
Ruf' ihn herauf, von Fehrbellin den Helden:
Sein Stab ward wohl geführt, sollst Du ihm melden.

Aus Feindes Händen ist er nun gerungen,
    Der Schlüssel, der des Feindes Herz verschloß;
Nun aber sei die Pforte selbst erzwungen:
    Und vorwärts braust's zum allgewalt'gen Stoß.
Die Stürmer Vionville's sie stürmen weiter,
    Die vom Cisternenholz sie folgen nach;
Und die in Flavigny, die wilden Streiter,
    Zu neuem Gang ruft sie der Sturmschritt wach.
In breitem Flug kommt Deutschlands Aar gefahren,
Vom blut'gen Felde weichen Frossard's Schaaren.

Der Marschall sieht die blaue Woge schwellen:
"Wo ist ein Damm, der diesen Fluthen wehrt?
Herbei, heran, Ihr Grimmigen, Ihr Schnellen,
Zu Hülfe Reitermuth und Reiterschwert!"
Steht, Deutsche, steht! wie roll'nde Felsenblöcke
Kommt's von den Höhen auf Euch hergebraust:
Dort der Lanciers blutgier'ge Lanzenstöcke,
Hier Cürassiere, Pallasch in der Faust.
Wie unter Tigern fällt die Rinderheerde,
So sinken die Lanciers und ihre Pferde.

Vom Huf der Cürassiere rauh getreten,
Zerfließt in Staub die Straße dicht und schwer:
Euch, Zweiundfünfz'ger, gelten die Drommeten,
Es rollt auf Euch sich dieses wilde Heer.
Dumpf klirrt's heran, heiß tönt der Rosse Schnaufen,
"Verweg'ne sterbt; von Rossen überrannt!"
So billig sollt den Sieg Ihr nicht erkaufen,
Denn Ihr vergaßt den Hauptmann Hildebrand!
O werde mächtig, Wort in meinem Munde:
Vom Hauptmann Hildebrand gieb rechte Kunde!

Hoch stand er da mit keiner Wimper zückend,
>Sah, wie Verderben nah und näher schwoll,
Und dann zurück zu seinen Mannen blickend,
>Sah er der Seinen Antlitz Unruh-voll.
Und auf den Führer blickten seine Treuen
>Und schweigend fragte jedes Angesicht:
Mein Hauptmann, siehst Du nicht das Unheil dräuen?
>Befiehlst Du nichts? und schießen wir noch nicht?
Da sprach zu ihnen Hildebrand mit Lachen:
„Vor jenen sollt Ihr Euch nicht Sorge machen.

Blau sind die Röcke ja, die jene tragen;
>Ist Eurer anders? blau ist Preußens Kleid:
Mit jenen wollen wir uns doch vertragen,
>'s sind Unsre, schießet nicht, es wär' ein Leid."
Rasch sind die Brandenburger im Durchschauen,
>Sie hatten bald des Hauptmanns Sinn erkannt
Und sie beschlossen, ganz dem Mann zu trauen,
>Der scherzend Todesschrecken überwand.
Stumm war die Schaar, die Waffen zu den Füßen;
Der Hauptmann weiß schon, wann es Zeit zum Schießen.

Er aber stand, der Feinde Schritte zählend,
    Und näher klirrt und näher es herbei:
Und plötzlich nun, die rechte Stunde wählend,
    Entrollt er seine Schaar in langer Reih'.
Ein Dornenzaun mit Stacheln und mit Spitzen,
    So steh'n sie lautlos, Bajonett nach vorn;
„Schnellfeuer!" tönt's, Reih, auf und ab ein Blitzen,
    Krachend entlädt sich lang verhalt'ner Zorn.
Die Kugeln peitschen wie ein Hagelschauer
Der Cürassiere stolze Panzermauer.

Doch nicht von Stahl nur ist ihr Herz bedecket,
    Nein, dieser Männer Herz ist selber Stahl:
Wie schmetternd sie der Tod zur Erde strecket,
    Zertheilt der Reiterschwarm sich auf einmal,
Und rechts und links auf Schaum=besprühten Rossen
    Umreiten sie die glüh'nde Eisenwand,
Und hinten neu zusammen dann geschlossen,
    So packen sie im Rücken Hildebrand.
Auf, Held, hier ist nicht Zeit mehr zu berathen,
Mit That ertheile Antwort Du auf Thaten!

O wackrer Mann, der Du am rechten Orte
 Dem Wort gebietest, das zur Stunde paßt!
„Kehrt!" schallt sein Ruf, und von dem kurzen Worte,
 Als wie von einer Eisenhand gefaßt,
Dreht rasselnd sich die starre Eisenreihe
 Der Zweiundfünfz'ger wirbelnd auf dem Fleck,
Den Cürassieren weisen sie auf's Neue
 Das finstre Angesicht zu neuem Schreck;
Der Führer selbst der tapfren Cürassiere
Kracht auf den Grund mit seinem treuen Thiere.

Da löst ein Ring sich aus der festen Kette,
 Weit springt hervor ein bärtiger Sergeant;
Daß er den Seinen die Trophäe rette,
 Legt auf den Reiter-Oberst er die Hand.
Der Führer hin; die Fränk'schen Reiter treiben
 Wie Schiffe ohne Steuer über's Feld;
„Nur laßt uns nicht vor diesen Männern bleiben,
 An denen wir so fürchterlich zerschellt!"
Ihr Cürassiere, Euer Loos ist Sterben,
Staub wirbelt auf und kündet neu Verderben.

Horch, hinter Flavigny, horch Rosseshufen!
　In weißem Staub kommt's schwarz wie Unheilsnacht;
Horch Brandenburg'schen Fußvolk's jauchzend Rufen,
　Die Deutschen Reiter brausen in die Schlacht.
Wie Wetterwolken durch den Himmel fahren,
　Jach hingepeitscht von Nordens rauhem Hauch,
So kommt mit Braunschweig's finsteren Husaren
　Weit über's Feld gejagt der stürm'sche Rauch;
Was nur sich wiegt auf einem deutschen Rosse,
Fliegt mit in dem verweg'nen Reitertrosse.

So wie die Spreu zur Rechten fliegt und Linken,
　Wenn rauh der Besen durch die Tenne streicht,
So muß zur Erde taumelnd Alles sinken,
　Was diese Schaar auf ihrem Weg erreicht.
Traun, sie sind schnell, doch schneller als sie Alle,
　Ist jener, der den Andern stürmt voran:
Weit fliegt und weiter er voraus dem Schwalle,
　Sagt an, wer ist der Tod-verwegne Mann?
Wißt: es ist Rauch, des Schlachtfelds scharfer Besen;
Ein stolzes Ziel hat er sich auserlesen;

Rechts über's Blachfeld hin, wo von den Hügeln
  Die Fränk'sche Batterie Verderben speit,
Dahin mit schäumenden, verhängten Zügeln,
  Der Schnellen Schnellste folgen als Geleit,
Denn Einer steht inmitten der Kanonen
  Auf fahlem Roß, starr wie ein steinern Bild,
Ja den zu fällen, traun das könnte lohnen,
  Der ist's, dem Rauch's verwegner Angriff gilt;
Der Marschall selbst, der düstere Franzose,
Blickt schweigend dort herab in's Schlachtgetose.

Da fährt er auf: rings um ihn her ein Klirren,
  Rauh tönt zum Ohr ihm Deutscher Stimmen Laut;
Sieh, wie die Klingen leuchtend niederschwirren,
  Sieh, wie der grimme Rauch hier tobt und haut!
Da werden stumm die Fränkischen Geschütze,
  Da reißt der Marschall selbst heraus das Schwert;
Schon züngeln um sein Haupt die Deutschen Blitze,
  Wer ist, der Unheil von dem Feldherrn wehrt?
Die Offiziere, die sich um ihn schaaren,
Sie sinken vor den Streichen der Husaren.

„Soll Deutsche Keckheit unsern Feldherrn schlagen?"
    Aus Rezonville's Gehegen bricht's hervor.
Sturm bringt die Fränk'schen Reiter hergetragen,
    „Rettet den Marschall!" tönt ihr zorn'ger Chor.
Schon sind sie nah, des Feldherrn treue Wächter,
    „Jetzt, Deutsche, büßt das kühne Reiterstück!"
Nun denn, ihr tapferen Gefahr=Verächter,
    Nun ist es hohe Zeit, zurück, zurück!
Voll Unmuth müssen sich die Deutschen wenden,
Sie lassen die Batterie in Frankreich's Händen.

Doch folgt, Ihr Franken, nicht zu weit hernieder;
    Das Land da unten ist jetzt Deutsches Land;
Da sprengen Deutsche Reiter hin und wieder,
    Und sie bewachen es mit rauher Hand!
Und, neu entflammt vom Muth der wilden Reiter,
    Erhebt sich Hildebrand's todtmüde Schaar;
Die Trommel ruft, die Weckerin der Streiter,
    Sie dürsten neue Ehre und Gefahr.
Ach, besser war's, es wäre nicht geschehen!
Ach, besser war's, den Gang nicht mehr zu gehen!

Was von den Zwölfern noch die Glieder rühret,
    Schließt sich der Schaar des kühnen Hauptmanns an,
Am Weg, der mitten in die Feinde führet,
    Dort schreiten sie voran und nur voran.
Wie ein Entdecker mit den Schiffsgenossen
    In Länder bringt, die keiner vor ihm fand,
Und plötzlich steht, von Männern rings umschlossen
    An Sprach' und Antlitz rauh und unbekannt,
So steht die Schaar nun einsam und verlassen,
Umgähnt von Fränk'schen Fußvolks dichten Massen.

Noch stehen sie, die Häupter stolz erhoben,
    Der führt sie ja, dem nie der Rath entfiel;
Doch tausend Kugeln kommen hergeschnoben,
    Und ihrer eine wählt ein edles Ziel:
Nun, Cürassiere, nun seid Ihr gerochen;
    Die Klippe sinkt, an welcher Ihr zerschellt;
Sein leuchtend Auge hat der Tod gebrochen,
    Der wack're Hauptmann Hildebrand, er fällt.
Ein Weheruf aus seiner Leute Munde:
Kehrt um, kehrt um, bringt heim die Trauerkunde.

Der Gattin sagt's, den Kindern sagt's, den lieben,
  Sie sollen nun nicht länger warten sein,
Der Vater ist im treuen Werk geblieben,
  Im fremden Lande ruhet sein Gebein.
Sie werden ihn nun nicht mehr herzen können,
  Mit seel'gen Thränen an sein Herz gedrückt;
Doch wenn sie sich mit seinem Namen nennen,
  So sagt, sie soll'n sich freu'n, daß er sie schmückt.
Darf ich den Einen rühmen so vor Allen?
Doch Weh und Leid, daß Hildebrand gefallen!

Geht, Trauerboten, rüstet Eure Füße,
  Denn weite Reise habt Ihr heut' zu geh'n,
Wo in der Mark Euch nur ein Hüttchen grüße,
  Da klopft, da bleibt gesenkten Hauptes steh'n.
Der Mutter sagt's in Dorf und Stadt und Städtchen,
  Daß fern ihr Sohn in Frankreichs Erde liegt,
Vom Bräut'gam sagt es dem verlass'nen Mädchen,
  Daß sie sich nie an seine Brust mehr schmiegt.
Ihr Trauerboten, stählet Eure Herzen,
Ihr werdet wecken bitt're, bitt're Schmerzen.

Doch, wenn die düst're Mähre sie vernommen,
    Sagt: wir sind noch zu and'rem Wort gesandt:
Sprecht: wer die stolze Erbschaft überkommen,
    Daß Sohn er heißt vom Brandenburg'schen Land,
Der freue sich, daß ihn der Name schmücket,
    Den jene Heldenschaar am großen Tag
So purpurroth auf Frankreichs Stirn gedrücket,
    Daß kein Jahrtausend ihn verwischen mag!
Der sehe zu und rüste Haupt und Glieder,
Auf daß er würdig werde solcher Brüder!

Und Du, mein Land des Sandes und der Fichten,
    Das Deinen Werth Du still in Dir versteckst,
Das Du die Söhne ziehst in rauhen Pflichten,
    Du Land, wo Mannesmuth und Treue wächst,
Das Du sie sahst getreulich und gewärtig,
    Als sie ihr König rief, mit ihm zu geh'n,
Die ganze Mark gleich einem Manne fertig
    Mit Leib und Blut für Deutschland einzusteh'n:
Heut' legten sie mit blut'gen Ehrenzeichen,
Wie gut Du zogst, der Welt das Zeugniß ab;

Wohl, sei zufrieden, nimm den Kranz von Eichen,
Leg' ihn auf Deiner Söhne großes Grab.
O, Land der Väter, möcht'st Du ewig stehen,
Wie Dich die Welt bei Vionville gesehen.

Zweiter Gesang.

※※

Die

Reiterschlacht bei Mars=la=Tour

oder

Der Todes=Ritt.

Doch wie sich hinter'm Horizont des Meeres
    Von Wolken eine finstre Wand erhebt;
Der Schiffer spricht: ein Wetter naht, ein schweres,
    Schon pfeift es hohl, es stöhnt das Schiff und bebt:
So thürmen jetzt sich dräuende Gefahren,
    Die Frankreichs Feldherr neu heraufbeschwor;
In wucht'gem Schritte wälzen dunkle Schaaren
    Aus jenen fernen Wäldern sich hervor.
Der Riegel, den die Deutschen vorgeschoben,
Ob fest er hält, Frankreich wird es erproben.

Habt Ihr Frossard aus Vionville getrieben,
  So war's das Vorspiel nur zum wahren Spiel:
Dem Feldherrn Frankreichs ist genug geblieben,
  Euch auszutilgen ganz mit Stumpf und Stiel.
Nicht länger wollen ihren Unmuth dämpfen
  Die Garden Frankreichs, in Bourbaki's Hand,
Schon naht, für Frossard Rache zu erkämpfen,
  Sich Canrobert, der oft dem Tode stand.
Von Ost nach West gespannt, ein mächt'ger Bogen,
Kommt's langsam wie das Schicksal angezogen.

Die Sonne, die auf ihren Häuptern funkelt,
  Wirft ihren schwarzen Schatten in das Feld,
Das Herz von neuen Sorgen tief umdunkelt,
  Steht Alvensleben da, der gute Held.
Noch steh'n die Vierundzwanz'ger auf der Höhe,
  Ein letztes Joch in übermächt'ger Fluth,
Allein die Männer stöhnen schon vor Wehe,
  In dunklen Bächen strömt zu Thal ihr Blut;
Schon haben sie die Fahnen heimgesendet,
Die Augen in Verzweiflung abgewendet.

Ihr tapf'ren Männer, welch' ein bitt'res Leiden,
　Da ihr von Euren Fahnen Abschied nahmt!
Da Ihr nun sagtet: geht, wir müssen scheiden,
　Weil, Euch zu schirmen unsre Hand erlahmt;
Manch müdes Aug' nach dem Gefährten blickte,
　Die treulich mitgekämpft in manchem Streit,
Manch müdes Haupt zum Abschiedsgruße nickte,
　Zum schmerzlichen Ade in Ewigkeit.
Die Adler senkten trauernd Haupt und Schwingen,
Als sie von ihren Vierundzwanz'gern gingen.

Da sprach zum General Bredow Alvensleben:
　„Sieh, wie Gefahr uns fürchterlich umringt;
Wer wollte nicht sein letztes Herzblut geben,
　Wenn seine That den Brüdern Rettung bringt?
Noch steh'n bei Mars=la=tour auf flinken Rossen,
　Die schon den Grund mit zorn'gen Hufen scharr'n,
Zwei Reiter=Regimenter, fest geschlossen,
　Die ungeduldig ihrer Thaten harr'n,
Nimm sie in Deine Hand und trag' in Eile
Sie mitten in den Feind wie Donnerkeile."

Und Bredow sprach: „Du schickst mich in's Verderben,
    Nicht viele bring ich heim aus diesem Strauß;
Doch bitter zahlt der Franke unser Sterben,
    Ja, helf' mir Gott, ich thu's und fecht' es aus."
Da fand bei Mars=la=tour er seine Mannen,
    Zwei Regimenter, leuchtend, schmuck' und glatt:
Rechts von der Dollen's Märkische Ulanen,
    Links Schmettow's Cürassier' aus Halberstadt.
Stumm dachte Bredow vorwärts wen'ge Stunden:
Wohin ist dann der frohe Glanz entschwunden.

Und Bredow sprach: „Wohlauf, Ihr meine Leute;
    Hört Ihr, wo der Kanonen Stimme schallt?
Dort unser Ziel; wir sollen reiten heute
    Mitten durch jener Bajonette Wald."
Wohl zog durch jene Männer da ein Schauer,
    Tod legte auf ihr Herz die kalte Hand,
Manch ein Gedanke flog in stiller Trauer
    Noch einmal in das ferne Heimathland.
Wohlan, der General befahl zu reiten,
Das Schwert heraus, nun ist es Zeit zu streiten.

Wie die Wildgans fliegt mit gewaltigem Flug
   Durch die Lüfte des Himmels den Ihren voran,
Wenn der laue Wind an's Gefieder ihr schlug,
   Wenn der Wanderzug in die Ferne begann,
So auf steigendem Rosse der Reiter-Gen'ral,
   Der wackere Bredow, weit sprengte er vorn;
Nun schmett're Drommete, nun töne Signal,
   Nun, Reiter und Streiter, dem Rosse den Sporn.
Hell schnoben die Rosse, dumpf dröhnte der Huf,
   Von klirrenden Panzern die Erde erscholl,
Laut hallte der Führer erweckender Ruf,
   Von Rossen gestampft der Staubwirbel schwoll.
Die Reiter, sie reiten Thal auf und Thal ab,
Hoch fliegen die Fahnen, es rasselt der Trab.

Zum Aufmarsch, zum Aufmarsch Drommetengetön,
   Bleib' keiner dahinten, seid alle dabei,
Wie die Alpen erklimmet der brausende Föhn,
   Risch auf an den Hügeln in leuchtender Reih!
Seht an, wie sie reiten, seht an, wie sie zieh'n
   Hinein in der Feinde verschlingende Wuth,
Die Häupter so hoch und die Augen so kühn,
   Und die Herzen so jung und so brav und so gut!

Vom Hügel herab und herauf aus dem Grund,
  Tief wühlet das Roß in die Erde die Spur,
Trag ewig nun, Erde, das Mal dieser Stund',
  Die Male der Reiter von Mars-la-tour.
Fanfaren ertönen trarah, nun trarah —
Seid fertig, Franzosen, die Deutschen sind da!

Die Schwerter gezückt und die Lanzen gefällt,
  Auf steigt die Standarte, hoch, herrlich und hehr,
Da schüttert der Boden, da donnert das Feld,
  Die Reiter, sie reiten Carriere, nun Carriere.
Auf hebt sich vom Lager der mordende Tod,
  Geschütz der Franzosen blitzt auf und erkracht,
Die Reiter sie reiten, von Flammen umloh't,
  Das Werk ward begonnen, das Werk sei vollbracht,
Dem Tod in die fletschenden Zähne hinein,
  Sie bringen den Tod in der eigenen Faust,
Hört auf nun, Kanonen, Granaten zu spei'n,
  Wie die Lanze nun rafft, wie die Klinge nun saust!
Hui — sinket es links, hui — sinket es rechts,
Verstummt der Kanonen toblündend Gekrächz.

Die Pförtner erschlagen, gesprengt ist die Bahn,
  Horch, horch, die Drommete schon wieder erschallt,
Voran, Cürassiere, und weiter Ulan,
  Seht, seht, Bajonette, ein starrender Wald!
Hell leuchtet's von droben, vom Hügel es rollt,
  Wie funkelnd der Gießbach vom Felsen sich schwingt,
Horch Schlachtruf der Deutschen, horch, horch, wie er grollt,
  Das Roß unterm Reiter, seht an wie es springt.
Sa sa — in den Haufen der Franken hinein,
  Es prasselt im Walde, es stiebet sein Laub,
Zertreten die Männer, zerbrochen die Reih'n,
  Hernieder, Franzosen, in Staub, in den Staub!
Hui — sinket es links, hui — sinket es rechts,
Musik des Verderbens: Gestöhn und Geächz!

Drommete schon wieder: horch, horch, wie sie gellt:
  Zusammen ihr Reiter, kommt mit, kommet mit!
So brauset im Frühling der Strom in das Feld,
  Wo endet sein Wasser? wo zügelt der Ritt?
Franzosen von vorne, Franzosen umher,
  Rings zielende Büchsen zur Wange gedrückt,
Ein treibendes Wrack in dem heulenden Meer,
  Die Reiter inmitten, von Kugeln zerpflückt.

Da qualmt es von vorne, da leuchtet es auf,
  Aufblinkt es zur Seite und blitzet es roth,
Da knattert's im Rücken als Echo darauf,
  Von hüben und drüben umgarnt sie der Tod.
Zur Linken ein Stampfen, zur Linken ein Schrei'n:
Französische Reiter, sie brechen herein.

Wie Welle in Welle sich tobend vermischt,
  Das Meer, das verwundete, strudelt und klafft,
Die eine gefärbt mit der anderen Gischt,
  In den Gang der einen die andre gerafft:
So wirbelt zusammen ein gräßlicher Knäul,
  Es reibt sich der Panzer am Panzer und kracht,
Horch, blutiger Männer dumpf heis'res Geheul,
  Mit Zähnen die Rosse beginnen die Schlacht.
Der Franken Standarte, der Franken Panier
  Fliegt wirbelnd empor, ihrem Volke entwandt,
Seht Campbell, der Hüne, er wüthet allhier,
  Hoch schwingt er die Beute in nerviger Hand.
Wild rasseln ihm Schwerter auf Brust und auf Haupt,
Von Franken zurück die Standarte geraubt.

Den Hohlweg hinunter es wälzt sich der Schwarm,
    Der Feind an die Schulter des Feindes gedrückt;
Da rastet zum Frieden gezwungen der Arm,
    Stumm glühend das Auge in's Auge nur blickt.
Es röcheln die Pferde und keuchen nach Luft,
    Die Sonne im Panzer sie spiegelt nicht mehr,
Horch, horch die Drommete, von ferne sie ruft:
    Kehrt heim, Deutsche Reiter, hierher nun hierher.
Wohl dem, dem der Ruf der Drommete noch gilt,
    Dem der bleierne Tod nicht die Ohren verschloß;
Aus dem Hohlwege kommt's, aus der Enge es quillt,
    Cürassier' und Ulanen ein blutender Troß.
Da sprengen die Rosse dahin und daher,
Ihre Bürde ist leicht, ihr Sattel ist leer.

Da kommt es gezogen, da wankt es heran,
    Wie schreiten die Rosse so langsamen Schritt;
Im dampfenden Sattel manch' todtwunder Mann,
    Getreue Kam'raden sie führen ihn mit;
Da wendet das Haupt man, da blickt man zurück:
    Von allen, die gingen, o trauriger Rest;
Da blickt man voran und es leuchtet der Blick,
    Die sinkenden Häupter sie richten sich fest:

Bei Vionville seht, auf dem Felde der Ehr',
    Von Pulver geschwärzt und von Kugeln zerzaust:
Da stehn die Standarten hoch, herrlich und hehr,
    In der Bannerträger, in Deutscher Faust!
Die tapferen Herzen sie schlagen hoch auf:
Ihr Reiter, mit Ehren bestanden den Lauf!

Achthunderte zogen hinaus in die Schlacht,
    Nun zählt Eure Reihen, zählt Hunderte kaum;
Zur Scheide das Schwert, Euer Werk ist vollbracht,
    Vorüber der kurze, der furchtbare Traum.
Von Vionville, horch, wo das Fußvolk sich drängt,
    Da ruft es: willkommen, Du tapfere Schaar!
Mit Ehren, Ihr Reiter, die Bahnen durchsprengt,
    Willkommen, willkommen, Du Hort in Gefahr!
Da grüßt es herüber, hinüber es winkt,
    Es grüßen sich Fußvolk und Reiterei;
Wer je von dem herrlichen Tage nun singt,
    Der sage von beiden: sie waren dabei.
Ein Herz war in beiden, ein Blut und ein Muth,
Den Tod zu erstreiten für heiligstes Gut.

Wenn der Sommer kommt, wenn der Jahrestag kehrt,
   Da gerungen ward in gewaltiger Schlacht,
Wenn über die Haide der Sturmwind fährt,
   Schwarz nieder sich wölket die Mitternacht:
Da starret der Wandrer, der dorten geht,
   Sein Herzblut gerinnt und es steigt sein Haar;
Hört grausigen Laut, der im Winde verweht,
   Die Lüfte durchklirrt es wie reisige Schaar,
Dumpf ruft durch die Nacht der Drommeten Getön,
   Da schreit es von Männern, da rasselt der Trab,
Bis der Morgen erwacht, bis die Hähne kräh'n,
   Und die Haide wird still wie das schweigende Grab.
Zur Mitternacht streiten hoch über der Flur,
Die todten Reiter von Mars=la=tour.

Dritter Gesang.

Der Kampf der Westphalen.

Wie damals, als zur Zeit der sieben Plagen
　　Aegyptens Erstgeburt und Hoffnung fiel,
Von des Allmächt'gen zorn'ger Hand geschlagen,
　　In grausem Purpur fluthete der Nil:
So floß der Gorze=Bach in rothen Fluthen,
　　Ein stummer, schreckensvoll beredter Mund;
Daß seine Brandenburger droben bluten,
　　That er dem Hohenzollern=Fürsten kund.
Er sprang zu Roß, zu helfen und zu lindern;
Hin eilte Friedrich Carl zu seinen Kindern.

Hoch stand er da und ließ die Blicke schweifen
    Gleich Wandrern, die durch Trümmer forschend geh'n,
Sah lang herum den Arm des Unheils greifen,
    Fern schon im Westen Frankenschaaren steh'n.
Als wären sie der Erde selbst entsprossen,
    Wächst bei den Franken endlos Schaar an Schaar:
Schon steht Le Boeuf an Canrobert geschlossen,
    Schon hinter ihm dräut Ladmirault Gefahr.
Mit tausend Gliedern in der Deutschen Rücken
Kriecht es heran, zu Tode sie zu drücken.

Gleich einem Auge, dem die trocknen Lider
    Weit das Entsetzen auseinander riß,
So sah vom heißumdampften Himmel nieder
    Die Sonne auf dies Feld von Kümmerniß.
Da sank das Leid mit zwiefach grimmen Lasten
    Auf diese Männer, die der Tod umringt,
Tod schreckt nicht mehr, denn Sterben heißt ja rasten,
    Verderben nun, wenn Keiner Hülfe bringt.
Sie blicken um, nach Rettung auszuspähen,
Rings Feind und Tod; kein Retter will erstehen.

Steht, Brandenburger, steht, von schweren Tritten
    Hebt wirbelnd sich im Westen staub'ger Dampf:
Der Retter kommt, Westphalen, kommt geschritten,
    Das wucht'ge Schwert zu werfen in den Kampf;
Heiß war ihr Weg, ihr Marsch war voll Beschwerde,
    Allein Westphalen sprach: ich fehle nicht,
Und dieses ist die Art der rothen Erde,
    Daß dort man treulich hält, was man verspricht.
Wohlan, man wird Euch heut' beim Worte fassen:
Kein Deutscher soll den Deutschen heut' verlassen.

Von ferne haben sie den Ruf vernommen,
    Den die Kanone über's Blachfeld schrie,
Sie sind den rauhen Mahnern nachgekommen,
    Hannover und Westphalen sind allhie.
Auf ewig stirb in dieser heil'gen Stunde
    Du drachenköpfig Scheusal, Haß und Zwist!
Hier sei der Altar nun zum Bruderbunde,
    Wenn Eines Blut in's Blut des And'ren fließt,
Die Ihr mit eignem Aug' heut' sehen sollet,
Daß gleiches Blut in Euren Adern rollet.

Den Schweiß des Marsches nicht vom Haupt gewischet,
  Schon kommt Befehl und fordert neue Hast;
Den dürren Leib mit keinem Trunk erfrischet,
  Voran, hinein, der Feind giebt keine Rast.
Seht Ihr den Wald, der sich vor Tronville breitet?
  Noch legte nicht der Feind auf ihn die Hand,
Schafft uns den Wald, eh ihn der Feind beschreitet,
  Auf und hinein, Du Volk vom Weserstrand!
Seht an: zum Spielplatz ward die blut'ge Stätte:
Zwei Regimenter rennen in die Wette.

Erreicht der Wald! Hannovers Söhne bringen
  Hindurch bis zu des Waldes and'rem Rand;
Mag unter sie auch die Granate springen,
  Wer lange ging, hält doppelt gerne Stand.
Um das Versäumte wieder gut zu machen,
  Stürmt Grenier nun in Plänklerhaufen an;
Doch aus dem Walde tönt Hannover's Lachen:
  Ihr kommt zu spät, wir kamen Euch voran.
Sie, deren Zungen scharf die Sprache wenden,
Scharf spricht die Waffe auch in ihren Händen.

Doch hoffet nicht, daß Ladmirault sich wende:
 Nach Westen zieht er Schaar auf Schaaren nach,
Und finster thront er auf dem Felsgelände,
 Durch das zu Thale strömt der Yron=Bach.
Als wollt' er hier in Ewigkeiten wohnen,
 Mit starrem Panzer er sich rings umgiebt:
Mit schwarzen Mäulern dräuen die Kanonen:
 Hier nahe keiner, der das Leben liebt!
Und er gebietet noch verborgnen Schrecken,
Die er dem Eindringlinge will entdecken.

Wer ist die Schaar, laßt mich die Männer sehen,
 Die ringen sollen mit so wilder Wuth?
Die dort in Mars=la=tour's Gehegen stehen,
 Die sind's: des Wittekindes treue Brut.
O Mars=la=tour, bei dessen düstrem Klange
 Sich die Erinnerung regt an Tod und Graus,
Schickst Du schon wieder nun zum blut'gem Gange
 Die wackre Schaar von Deutschen Männern aus?
Brixens Sechszehner, altbewährt im Streite,
Steh'n Kranach's Sieb'nundfünfzigern zur Seite.

Und Wedell sprach, der Führer der Brigade:
"Ihr meine Leute, uns erwartet Noth;
So laßt uns denken denn der ewigen Gnade,
So laßt uns rufen den allmächtigen Gott."
Und wie der Wald die stolzen Wipfel neiget,
Wenn brausend ihn der Himmelssturm durchzieht,
So Haupt an Haupt sich schweigend niederbeuget,
Stumm in den Sand das Volk Westphalens kniet.
Tief senkten sich die bärt'gen Angesichter,
Und sie ergaben sich dem ew'gen Richter.

Der Mutter Spruch, den sie dem Kind gelehret,
Des Mannes Lippen murmelten ihn jetzt,
Denn das ist Landesart, daß man dort ehret
Und hoch man heil'ge Ueberliefrung schätzt.
Ja, an der Pforte so von Tod und Qualen,
Wann ward gebetet besser je, als hier?
Du gutes Volk, vom guten Land Westphalen,
Du Volk der Treue, Gott sei über Dir!
Die Trommel ruft; sie steigen von der Erde,
Dem Feinde gilt die zürnende Geberde.

Die Trommel ruft, sie heben an zu gehen,
  Tief in den Boden sinkt der schwere Fuß.
Ein Feuerstreif — und schmetternd von den Höhen
  Wirft Ladmirault herab den Todesgruß.
Auf steigt der Weg, schwer wird der Weg zu schreiten,
  Der weiche Grund entweicht dem Mannestritt,
Ermattet schon vom Marsch, dem heißen, weiten,
  Wie langsam geht der Männer müder Schritt.
Auch Schritt nach Schritt kann man zum Ziele kommen!
Durch Müh' und Noth hinan, hinan geklommen!

Dumpf rauschend schlägt der heiße Eisen=Regen
  Auf der Westphalen breite Schultern auf,
Viel wackre Männer still sich niederlegen,
  Viel wackre Männer steh'n nie wieder auf.
Ein tiefes Schweigen in den dunklen Schaaren,
  Von Tausenden kein Ruf, kein Wort erschallt;
Laßt uns den letzten Hauch des Busens sparen,
  Bald ist das Ziel erreichet, Brüder, bald.
Voran, hinan! kein Wanken und kein Stocken!
Voran die Führer treulich unerschrocken.

Seht da, seht da — zu Füßen der Westphalen
  Reißt durch den Weg von Felsen eine Schlucht,
War's nicht genug mit so viel Noth und Qualen?
  Dort drüben steh'n die Feinde, die Ihr sucht.
Die Männer steigen in die Schlucht hernieder
  Und tragen stumm das ungeahnte Weh',
Sie steigen bis zum Grund und klimmen wieder
  In tausend Mühen jenseits in die Höh'.
Das große Hemmniß, seht, es ist bezwungen,
Bald ist das ungeheure Werk gelungen.

Und wieder schallt voran der Führer Stimme:
  Vorwärts, Ihr wackren Leute, frischen Muth!
Noch einmal stählt Euch mit der Väter Grimme,
  Ihr Söhne Wittekind's, Du Sachsenblut!
Des Unheils tausend mörderische Pfeile,
  Sie wurden, traun, an diesen Männern stumpf!
Schon klopft das Herz in freudenvoller Eile,
  Die Lippe murmelt leise schon Triumph!
Da seht, da vorn — o Tag voll Blut und Schrecken,
Willst ganz Westphalen Du zu Grabe strecken?

Denn drüben vor den fränkischen Kanonen
    Was hebt sich plötzlich grausenvoll empor?
Wie eine Reihe Höllischer Dämonen
    Wächst aus der Erde Tiefen es empor:
Wohl tausend Rotten, Mann an Mann gekettet,
    Steht Fränkisch Fußvolk dort in langer Reih'.
Wen noch der Tod zur Erde nicht gebettet,
    Die letzte Stunde schreitet ihm herbei.
Die Kolben rasselnd an die Wangen fahren,
Die Salve braust in die Westphäl'schen Schaaren.

Da schlägt der Tod die Hirten und die Heerde,
    Schlägt Offizier' und Mannschaft todeswund,
Die treuen Männer von der rothen Erde
    Da liegen sie auf purpurrothem Grund.
Und doch und doch — noch ist er nicht gebrochen
    Des starren Sachsenherzens trotz'ger Sinn:
Grimm läßt das Blut der müden Adern kochen,
    Was Leben fühlt, schleppt auf den Feind sich hin.
Mag sie der Tod, wie Sturm das Röhricht brechen,
Jetzt will an Frankreich sich Westphalen rächen.

Von drüben kommt's wie tausend Höllenhunde,
    Das Fränk'sche Fußvolk bricht aus seinem Stand;
Ihr Schrei entquillt dem aufgeriss'nen Munde:
    „Zurück, Westphalen, nun zur Flucht gewandt!"
Da schlägt der Tod die kalten Schreckens=Krallen
    In diese Heldenherzen grimmig ein,
Sie wenden sich, zurück den Weg zu wallen,
    Den grausen Weg der namenlosen Pein.
O Deutschland, Mutter, schließ Dich in die Kammer
Und wein' um Deiner Kinder bittren Jammer!

Wie der Orcan auf seinem Sturmesrosse
    Der Menschen Werk und Mühe rauh durchsprengt,
So prasseln ohn' Erbarmen die Geschosse
    In die unsel'ge Schaar, die dort sich drängt.
Flach ist das Feld, kein Baum, der sie beschützet,
    Der Würgeengel geht herauf, herab,
Seht, wie der Sand vom Schlag der Kugel spritzet,
    Das ganze Feld ein weites, grauses Grab!
Der Ordnung eh'rne Bande fallen nieder,
Zertrümmert drängen sich zu Thal die Glieder.

Wer kommt dort einsam über's Feld geschritten,
  Der, Tod=umwettert, nicht des Todes denkt?
Wo ist das Roß, das er so stolz geritten?
  Wie ist sein Haupt so kummervoll gesenkt?
Dem Feind der Nächste und der Seinen Letzter,
  Der tapfre Wedell ist's, der heimwärts zieht,
Mit blut'gen Thränen seine Wangen netzt er,
  Da seiner Treuen Untergang er sieht.
Dumpf hinter ihm tönt schon Verderbens Heulen:
Weh — ohne Roß — der Tod muß ihn ereilen!

Und siehe — ein Ulan kam angeritten,
  Der sprang vom Sattel — sprach zum General:
"Steigt auf, mein General, laßt Euch erbitten
  Und rettet Euch hinunter in das Thal."
Und Wedell sah ihn an in langem Schweigen,
  Weil ihm das Herz zu sehr, zum Sprechen wuchs;
Da half ihm der Ulan zu Rosse steigen,
  An sprang das Roß, dahin den Feldherrn trug's.
Wer sagt mir an, wie dieser Mann sich nannte,
Daß ich ihn nennen kann im Deutschen Lande?

Ob er sich noch des Lebens mag erfreuen,
   Das er so willig gab in jener Stund'?
Ob ihn, den schlichten Mann, den braven, treuen,
   Nun niederschlang des Todes schwarzer Schlund?
O wär es dir, mein schwaches Lied, verliehen,
   Daß du ein Denkmal würdest diesem Mann!
O könnt' ich dem Vergessen Dich entziehen,
   Du unbekannter dreizehnter Ulan!
Du Deutsches Volk, daß Gott sich Deiner freue,
Bewahr' Dein heilig' Erbtheil Dir, die Treue!

Doch klirrend nun in dunklen breiten Wogen
   Kommt Ladmirault von seinen Bergen her;
Weh — Deutschlands Schaaren sind im Sturm zerflogen,
   Ist Keiner, der ihm wehre? Keiner mehr?
Da horch, da horch — von hinten welch' Getümmel!
   Ist das nicht Roßgestampf und Roßgewieh'r:
Was leuchtet dort? ist das der blaue Himmel,
   Den sich die Hoffnung wählet zum Panier?
Ja Himmel ist's, und Hoffnung neu erglommen,
Und Auerswald's Dragoner sind's, die kommen!

Nun fasse Muth, wer Noth und Angst erleidet,
  Was sie besitzen, diese setzen's ein:
In Blau und Gold gar herrlich eingekleidet,
  So zieh'n sie an, hell wie der Sonnenschein;
Wohl sind der Feinde drüben viele Tausend,
  Nur drei Schwadronen zählet Auerswald,
Was kümmert's ihn? voran den Seinen brausend,
  Das Schwert empor, sein Heldenruf erschallt:
Auf Garde-Reiter! mag uns Tod erwarten,
Tragt hoch der Garden prangende Standarten!

Und hinter'm Führer fliegt die blaue Wolke
  Der stolzen Reiter jauchzend über's Feld;
Ja wen'ge sind nur noch vom Deutschen Volke,
  Doch von den wen'gen jeder Mann ein Held!
Schon rücken sie den Feinden dicht und dichter,
  Sind mitten jetzt in Cissey's Fußvolk schon,
Und der Franzosen wilde Angesichter
  Peitscht nun das deutsche Schwert mit rauhem Ton,
Mit blut'gen Hieben schreiben d'rauf die Reiter:
Bis hierher, Ihr Franzosen, und nicht weiter!

Und mitten in der Franken dichte Haufen
    Die grimme Heldenschaar sich drängt und preßt
Sollt theuer, Franken, ihren Tod erkaufen,
    Sie stürmen in den Tod als wie zum Fest.
Da kaum noch hier die Reihen niedersanken,
    Schon wieder dort das Schwert der Reiter schwirrt,
Dem Feinde wirbeln Sinne und Gedanken,
    Wie Menschen, die der Donner ganz verwirrt.
Zusammen raffen sich die Fränk'schen Schützen
Und lassen Tod auf die Dragoner blitzen.

Da wird die schöne, stolze Schaar gelichtet,
    Da prasselt's rechts, da sinkt es links zu Tod,
Da ward ein heißes Blutbad angerichtet,
    Die blauen Reiterröcke wurden roth.
Da klopft, in heißen Scharlach eingehüllet,
    Held Auerswald des Todes Pforten an,
Mit Heldenleibern sich die Wahlstatt füllet,
    Da sinkt manch' stolzer hochgeborner Mann:
Ja wahrlich, tönend klingen all' die Namen
Der Männer, welche dort zu Tode kamen:

Kleist und Schwerin allhier zu Grabe steigen,
　　Zwei Brüder Tresckow, Westarp, Flemming fällt,
Fürwahr, das ist ein ablig stolzer Reigen,
　　Der seinen Einzug bei den Todten hält.
Wohlan, Ihr Brandenburg'schen Edelleute,
　　Man pries in alten Zeiten Euern Muth;
Wohlan, Ihr zeigtet es den Menschen heute:
　　In Euern Adern rollt der Väter Blut!
Doch wer an diesem Tag den Tod erlitten,
Hat Edelmannes Namen sich erstritten!

Nun hat der Tod die kühne Schaar verschlungen,
　　Nur Wen'ge kehren heim vom wilden Ritt;
Doch sterbend haben sie den Sieg erzwungen:
　　Seht, Ladmirault, seht an, er hemmt den Schritt.
So wie ein Stier, den man vor's Haupt geschlagen,
　　So steht sein Volk, betäubt vom Reiterschreck,
Sie woll'n sich nicht mehr an die Deutschen wagen,
　　Denn wahrlich, diese Deutschen sind zu keck.
Tief stöhnt es auf, die Wogen sind gedämmet,
Verderben ist in seinem Gang gehemmet.

Vom Gorze-Thal zu Mars-la-tours Gehegen
    Seht Deutschland an: wie steht es stark und fest;
Will, todesmatt, sich auch kein Glied mehr regen,
    Glaubt, daß es das Errungene nicht mehr läßt!
Die Sonne sinkt, die Schatten dämmern nieder,
    Im Dunkel birgt den blut'gen Greu'l die Au,
Und thränend gießt auf tausend wunde Glieder
    Die milde Nacht den kühlen Labe-Thau!
Sie trat hervor aus ihren kühlen Thoren
Und sah das Leid, das dieser Tag geboren.

Horch, hinter'm Hügelrande der Franzosen
    Horch, rollt es nicht gen Osten brausend fort?
Von Männern und von Rossen dumpfes Tosen,
    Mit Frankreichs Heer zieht Frankreichs Feldherr dort.
Du tapfrer Mann, welch eine dunkle Wolke
    Umschlingt Dein Herz, noch dunkler als die Nacht?
Ahn'st Du, daß einem undankbaren Volke
    Du Leib und Leben heute dargebracht?
Beim Undank, den der tapfre Mann erfahren,
Wollt Deutsche, Euren Brüdern Dank bewahren.

In Lüften rauscht's, vom Himmel schwingt's hernieder,
Seht Ihr die mächt'ge Frau im Felde steh'n?
Deutschland, die Mutter, wandelt auf und nieder,
Um ihrer Söhne großes Werk zu seh'n.
Sie kniet herab, sie schlägt des Mantels Falten
Um all' ihr Volk in stolzer Schmerzens=Lust,
„Schlaft, meine Kinder, schlaft, Ihr bleichen, kalten,
An Eurer Mutter großer, treuer Brust.
Ich gebe Euch das Erbtheil todter Helden,
Den Deutschen Harfen geb' ich neuen Klang:
Der Welt und Nachwelt Eure That zu melden,
Sei nun der Deutschen Sänger schönster Sang!"
O Mutter, schenke Segen, gieb Gelingen!
Laß werth mich sein, der Helden That zu singen.

Druck: Robert Schroth, Berlin S.